CIRCASSIENS.

LES RUSSES DANS L'ASIE CENTRALE

I

Il y a un peu plus d'un siècle, en 1783, dix ans après le démembrement de la Pologne, Catherine II faisait main basse sur la Crimée, puis, successivement, s'emparait du Kouban et imposait son protectorat à la Géorgie. A partir de cette époque, la route des tsars à l'est et au sud de leur empire est tracée sur la carte. Désormais, de règne en règne, ils s'attacheront à la frayer avec ténacité. C'est surtout depuis Nicolas Ier qu'ils réalisèrent ce plan. On en a vu ailleurs le développement, et comment, d'étape en étape, après avoir conquis la Sibérie, les Russes se dirigèrent vers Tachkent et ensuite vers Samarkand. L'œuvre est maintenant accomplie et l'on peut apprécier sa grandeur en mesurant toutes les difficultés qu'elle a dû surmonter. Nous ne raconterons pas ici par quelles phases successives a passé l'établissement des tsars dans l'Asie centrale, comment ils ont triomphé dans leurs luttes incessantes avec les Khanats, et quels furent les exploits glorieux des généraux Tchernaïeff, Romanovsky et Kaufmann. On sait que l'entreprise fut conduite avec autant de vigueur que de ténacité, et poursuivie, presque infatigablement sans relâche, non seulement sous le règne de la grande Catherine, mais sous tous ses successeurs jusqu'à Nicolas Ier. La mort de ce dernier faillit en empêcher la réalisation définitive. Mais Alexandre II, aussitôt après la paix qui mit fin à la guerre de Crimée, reprit le programme de ses ancêtres et, dès le lendemain de la signature du traité de Paris, il jeta

— quand l'encre des signatures n'était pas encore sèche — 150,000 hommes dans le Caucase. Après huit ans de résistance des montagnards, conduits par Schamyl, les Russes s'emparèrent de toutes les forteresses (1).

Le général Zimmermann détruisit les ouvrages de Pishpek et Tomak. Jusqu'en 1864, les annexions se continuèrent sans grande effusion de sang, et l'Europe, inattentive, laissa faire et passer. Cependant, comme l'armée de Sibérie, commandée par Tchernaïeff, opérait de concert avec l'armée d'Orenbourg, commandée par Verêvkin, la compagne avait été si activement et si habilement menée qu'avec une perte d'à peine 50 hommes, tués ou blessés, on avait pris les villes de Tchimkent et de Turkestan et fait subir à l'émir un échec écrasant. Sous prétexte d'une reconnaissance dans la direction de Tachkent, grande ville contenant une population de 78,000 habitants et située à 112 kilomètres de Tchimkent, Tchernaïeff ordonna l'assaut de cette place. Contre son attente, il fut repoussé. On lui fit expier, non pas son démenti flagrant donné aux assurances pacifiques du gouvernement russe, mais son échec. Il est vrai que l'expiation en elle-même fut des plus douces et pouvait passer tout aussi bien pour un encouragement à de nouvelles tentatives du même genre. Le ministère de la guerre désavoua son idée de prendre Tachkent, mais il le nomma gouverneur de la région et lui envoya des renforts d'Orenbourg et de la Sibérie occidentale. Trois mois après, Tchernaïeff mandait au ministère que l'émir de Bokhara suscitait des difficultés par son immixtion dans les affaires du Khan de Khokand. En même temps, il marchait sur le fort de Niazbek, l'un des plus formidables retranchements du Khan, et, après l'avoir bombardé pendant plusieurs heures, l'obligeait à capituler.

La prise de Niazbek n'était que le prélude de celle de Tachkent. Le motif de cette nouvelle expédition fut que des officiers russes envoyés à Bokhara pour négocier avec l'émir avaient été indûment retenus. Tachkent, avec ses 78,000 à 80,000 habitants et son entrepôt de coton et de riz, est une des villes les plus considérables de l'Asie centrale. Elle était défendue par 30,000 hommes. Tchernaïeff la prit avec 1,950 Cosaques et deux canons, et, malgré l'énorme différence du nombre, il n'eut que 28 soldats de tués et 80 de blessés (2). Presque aussitôt après, le vainqueur pénétrait avec ses troupes dans la ville fortifiée de Khodjent, la clef de l'Iaxarte. L'Europe n'avait pas encore pu apprendre le nouvel exploit du conquérant, que les Russes envahissaient la province de Ferghana. Le fait était accompli ; un oukase impérial en date de juillet 1867 le sanc-

(1) Voir Bibliothèque des Voyages, *Tiflis*, par Napoléon Ney.

(2) On raconte qu'au moment même de l'attaque de Tachkent le général Tchernaïeff reçut de Saint-Pétersbourg un message pressant de l'Empereur qui, informé du premier échec subi devant Tachkent, interdisait de nouvelles opérations contre cette ville. Le général Tchernaïeff n'aurait pris connaissance du message qu'après la bataille. L'assaut très hardi donné la nuit réussit complétement et les pertes des Russes furent sans importance. Le général Tchernaiew put écrire à l'empereur : « Sire, les ordres de Votre Majesté m'interdisant de prendre Tachkent me sont parvenus dans Tachkent même qui est pris et que je dépose aux pieds de Votre Majesté. » On dit encore que malgré la bonne nouvelle que lui donnait la réponse du général Tchernaieff, l'empereur Alexandre ne fut pas satisfait. Et on a voulu voir dans la prise de Tachkent obligeant à une nouvelle marche en avant, une des raisons pour lesquelles le général Tchernaïeff fut relevé de son commandement (Napoléon Ney, *En Asie centrale*, Paris, Garnier.)

tionna : au territoire de l'empire on annexait 45,000 kilomètres carrés, formant la contrée la plus riche et la plus fertile de cette région, et on accordait le reste provisoirement à un chef indigène sous la suzeraineté du tsar blanc.

Il n'y avait, pour faire un nouveau pas en avant, qu'à attendre ou à provoquer un conflit avec l'émir de Bokhara. Tchernaïeff fit arrêter tous les Bokhariens sur lesquels il pouvait mettre la main et saisit leurs biens. L'émir de son côté, en manière de réplique, ordonna l'arrestation de tous les marchands russes qui se trouvaient à Bokhara. En même temps, il envoya une mission à Saint-Pétersbourg pour protester contre

CHEF KIRGHIZ.

les actes du gouverneur du Turkestan russe. Le général Kryjinowski, gouverneur d'Orenbourg, les retint en chemin. Ensuite il s'entendit avec le général Tchernaïeff pour déjouer les intentions de l'émir. Tandis que les envoyés bokhariens étaient retenus par les autorités russes, Tchernaïeff fit partir lui-même une mission russe pour Bokhara. Bien qu'elle affectât des dispositions pacifiques et exprimât le désir de nouer des relations amicales entre les deux gouvernements, l'émir se montra si peu confiant et céda si aveuglément à son ressentiment qu'il fit emprisonner les envoyés russes. Aussitôt Tchernaïeff passa le Sir-Daria à Chinaz avec 14 compagnies d'infanterie, 900 Cosaques, 16 canons et 200 chameaux. Une bataille eut lieu : les Russes furent défaits et obligés de se retirer jusqu'au Sir-Daria. Tchernaïeff demanda des renforts à Saint-Pétersbourg ; mais, cette fois, on ne lui pardonna point son échec. Il fut rappelé en Russie et remplacé par le général Romanowski.

En novembre 1867, le général Kauffmann prenait possession du gouvernement militaire de Turkestan. Il reprit aussitôt le plan de ses prédécesseurs, détruisit la ville bokharienne d'Oukhorum et, dès avril 1868, marcha, à travers la vallée du Zevafchan, sur Samarkand, située à 200 kilomètres à l'est de Bokhara. L'émir s'avança vers l'ennemi avec toute son armée, mais la lutte était inégale et les Russes occupèrent Samarkand.

Cette annexion produisit dans tous les bazars de l'Orient une sensation dont on ne saurait se faire une idée exacte en Europe. La renommée de Samarkand était répandue dans toute l'Asie. Pour la plupart des tribus indigènes, elle était la seconde ville du monde, à peine inférieure à Constantinople ; et maintenant Samarkand était tombée aux mains des Européens, aux mains de ce tsar blanc dont la puissance devait dépasser tout ce que l'imagination orientale pouvait concevoir, puisque cette puissance accomplissait un fait aussi prodigieux !

En 1882, le tsar ajoutait la licorne aux armes impériales de la Russie et prenait le titre de souverain du Turkestan, en attendant son couronnement à Samarkand D'autres conquêtes avaient dans l'intervalle augmenté son empire : l'occupation de Khiva par les généraux Kauffmann et Skobeleff, la prise des oasis de l'Akhal Tekké, celle de Merw. La soumission des Khirghiz et des Turkmènes ouvrit une nouvelle ère pour l'Asie centrale. La construction des chemins de fer transcaspien et transsibérien sillonna les déserts de ce que l'on pourrait appeler les routes fécondes de la civilisation. Et l'accomplissement de ce double projet fut, sans contredit, en notre fin de dix-neuvième siècle, la victoire la plus décisive de l'Occident sur l'Orient.

Charles SIMOND.

GUERRIERS KIRGHIZES.

TACHKENT (1)

I

Dans l'après-midi du 1er novembre, notre tarantasse roule sur la plaine qu'arrosent le Tchirtchik et ses affluents. Plus de montées ni de descentes ; la route, avec ses ornières et sa fine poussière, se développe presque en ligne droite. Les arbas et les cavaliers sont nombreux, des chameaux lourdement chargés s'en vont par longues files.

C'est l'animation, le va-et-vient incessant, qui annoncent l'approche d'une cité populeuse.

Le soleil est encore chaud; des gens piochent, le torse nu; les arbres sont verts ; nous retrouvons le printemps, après avoir éprouvé les rigueurs d'un commencement d'hiver en Sibérie.

Puis nous sommes au milieu des hauts murs de terre qui enclosent les jardins, où les indigènes ont coutume de passer sous des abris la saison des chaleurs, et nous ressentons l'inexplicable sentiment de plaisir de tout civilisé qui se voit de nouveau au milieu de beaucoup d'hommes à la fois. Car Tachkent est bien une grande ville, la première depuis Moscou. Les maisons sont drues,

(1) Extrait de l'ouvrage intitulé : *De Moscou en Bactriane*, par Gabriel BONVALOT (Paris, librairie Plon).

mais carrées, à toiture plate, quelquefois à un étage, toujours en terre.

Avec l'idée qu'on s'est faite en Occident d'une capitale, on croirait plutôt se trouver dans un village ou un faubourg ; pourtant, c'est bien une ville, ayant l'aspect que devaient avoir les villes gauloises à l'époque des Carlovingiens, quand nos pères vivaient de culture, de petit commerce, sans division de travail, et presque sans industrie comme ces gens-ci.

Mais une porte en brique se dresse, toute moderne, voûtée. ronde, profonde : c'est l'entrée d'une forteresse ou d'une prison : nous venons de pénétrer dans le quartier russe.

Voilà des rues droites en éventail autour d'une grande place flanquée d'édifices ; ici, le gymnase ; là, l'institut topographique militaire ; plus loin, la banque ; puis un pont aux parapets peints en vert, et des maisons blanches, style russe, de grands magasins, des boutiques, un charcutier, un hôtel. Le long des rues spacieuses, des allées d'arbres et des ruisseaux d'eau courante, des femmes du peuple, des officiers à cheval, une troupe de soldats en marche : c'est l'Occident à côté de l'Orient, celui-ci avec sa simplicité, son peu de besoins ; celui-là avec tous les accessoires que réclame l'impérieuse nécessité du bien-être, avec ses armées permanentes, bien outillées pour la lutte, qui conquièrent, qui rendent à cette pauvre Asie — notre épouvante d'autrefois — la monnaie de sa pièce, qui lui remboursent à coups de canon et de fusil les coups de sabre et de lance que nous prodiguèrent jadis ses Attila et ses Gengiz.

Tachkent, — ville de pierre, — ainsi nommée par ironie probablement, est vieille de milliers d'années. Autrefois, elle était située plus près du Iaxartes ou Syr-Daria, à l'endroit couvert de ruines appelé vieux Tachkent, à vingt-cinq kilomètres au sud-ouest du nouveau. Elle s'appelait d'abord Tchach, et, d'après le chroniqueur indigène Mohammed Tachkenti, elle n'apparaît dans l'histoire avec son nom d'à présent que dans le douzième siècle de notre ère. Depuis cette époque, on la voit, ainsi que le territoire qui l'enclave, passer successivement sous la domination de tous les conquérants qui se présentent : Chinois, Thibétains, Mogols, Kirghiz, Dounganes, Bokhares, Kokandais, s'en emparèrent tour à tour, et, en dernier lieu, elle est conquise, le 29 juin 1865, par le général Tchernaieff, fils d'une Française, à la tête de 1,950 soldats russes. Rien ne fait prévoir qu'elle doive prochainement passer en d'autres mains.

Tachkent est dans une bonne situation géographique. Bâtie sur le lœss, terre de culture par excellence, au point où descendent des montagnes les eaux abondantes du Tchirtchik, elle offre aux indigènes tous les avantages désirables : un sol riche et facile à irriguer. Dans de telles conditions, le climat aidant, un homme qui travaille peut vivre sans grande peine.

Rien d'étonnant donc à ce que les agriculteurs se pressent dans la vallée du Tchirtchik, et qu'une grande ville ait surgi et se soit maintenue à la place où nous la trouvons aujourd'hui.

Elle couvre une surface aussi grande que Paris, et n'a guère plus de cent mille habitants. Cette extension considérable, pour une population relativement faible, s'explique facilement : la majorité des Tachkentais vivent d'agriculture, et toujours ils ont un jardin plus ou moins grand contigu à leur habitation.

La ville est divisée en quatre grands quartiers, nommés yourtes, et subdivisée en quarante-deux plus petits, nommés makallah. Chaque quartier a une dénomination spéciale. Avant la dernière conquête, il y avait une enceinte de murailles en terre percée de douze portes d'où le nom de cité aux Douze Portes que lui donnent quelquefois les nomades. Les Russes ont jeté bas les portes s'ouvrant du côté de leur quartier, et ils ont construit une forteresse près de laquelle se groupent leurs maisons et qui domine la ville indigène.

Le Tachkent sarte a une population flottante de Bokhariens, d'Afghans, de Persans et de Kachgariens, marchands pour la plupart. Les Kirghiz, les Tatars, les Juifs, les Indous, les Tsiganes et les Sartes forment la population sédentaire.

Les Kirghiz sont nombreux dans le quartier de Jakha-Bazar. Ils ont conservé leurs habitudes et leurs occupations de nomades; ils vivent sous la tente, élèvent des chevaux et du bétail, fabriquent du mauvais koumys pour les Sartes, et, avec du millet et du riz, une boisson fermentée légèrement enivrante, le bouza, dont eux-mêmes boivent des quantités énormes. Les jours de marché, ils s'en vont au bazar avec les outres pleines, et débitent le contenu aux amateurs. Leurs femmes tissent une toile grossière employée à la confection des sacs pour céréales: elles fabriquent aussi des pièces d'un feutre solide (kachma) : au Kirghiz il sert à construire sa tente, à tout le monde de lit et de tapis pour couvrir le sol de la maison, au marchand à protéger de l'humidité et de la poussière les marchandises qu'on transporte à dos de chameau.

Le Kirghiz n'est pas un musulman très fervent; il est assez indifférent en matière de religion. D'une bonne foi relative, sans aptitude pour le commerce, il est la proie des Sartes mercantiles qui l'exploitent; aussi les déteste-il sincèrement.

Les Tatars sont venus de Russie avant la conquête. En leur qualité de musulmans, ces réfugiés purent s'installer dans le pays sans difficulté; ils fondèrent même, près de la ville, le village d'agriculteurs de Nogai-Kourgan (Montagne des Tatars). Ils s'occupent généralement de commerce et excellent dans l'art de s'enrichir. Il en vint aussi à la suite des armées russes. Comme ils parlent tous le russe et le turc, on les emploie volontiers comme interprètes, et ils sont des intermédiaires tout désignés entre les vainqueurs et les vaincus, qui sont leurs coreligionnaires. Les nouveaux venus, dont quelques-uns sont de très riches commerçants, habitent le quartier neuf.

Les Indous sont tous réunis dans un même caravansérail, où ils vivent sans femmes. Ils vendent des tissus de l'Inde, des châles, des mousselines ; mais on prétend qu'ils tiennent boutique pour la forme, et que l'usure est la source principale de leurs revenus. Ils prêtent à des taux fort élevés et seulement sur de

SARTE.

bonnes garanties. Le gouvernement russe du Turkestan les a autorisés à devenir propriétaires fonciers, droit qu'ils n'avaient pas jusqu'à ce jour. Les Sartes n'ont pas accueilli cette innovation avec plaisir ; beaucoup d'entre eux sont les débiteurs des Indous, et ils craignent de voir passer leurs propriétés aux mains des infidèles.

Adorateurs du feu, les Indous ont soin d'avoir dans leur chambre un flambeau constamment allumé, et toujours ils portent au front le signe qui varie suivant leur caste. Ils conservent le costume national, le bonnet rond, la babouche à bec recourbé ; ils ont des cheveux longs, se taillent la barbe, et ne mangent qu'à leur table et leur propre cuisine.

Les Tsiganes fabriquent des voiles de crin pour les femmes, des tamis, des treillages en fil de fer. Ils sont peu nombreux et méprisés.

Les Juifs habitent dans le Djougout Rakallah; ils sont talmudistes et parlent persan. D'après Youdi-Tcherny, savant de leur

RUINES DE TACHKENT SOUS L'AQUEDUC.

religion, en 720 avant le Christ, ils auraient été transportés en Médie par Salmanassar, et se seraient, de là, répandus dans la Perse et le Maverannahr. Il faut donc les compter parmi les plus anciens habitants de l'Asie centrale.

Après l'introduction de l'islamisme dans ce pays, on leur laissa le droit de pratiquer leur religion. Ils s'habillent comme les musulmans, mais on les reconnaît facilement aux longues boucles de cheveux qui tombent sur leurs joues. Ils se coiffent généralement d'un bonnet pointu bordé de fourrure. Cette coutume leur vient peut-être de l'époque où les autorités indigènes leur imposèrent un costume spécial: ils devaient porter des bottes et une coiffure d'une certaine forme; le turban leur était interdit; leur ceinture devait être en crin tressé ou simplement une corde. Ils n'avaient point les mêmes droits que les musulmans; on leur défendait l'usage du cheval, et, comme en Europe, ils ne pouvaient devenir propriétaires fonciers. Entourés de musulmans qui préféraient acheter à leurs coreligionnaires, ils s'occupaient peu de trafic et s'étaient fait une spécialité de la teinture des étoffes et de la soie. Ils ont encore la réputation de bons droguistes et d'habiles médecins.

Jusqu'à l'arrivée des Russes, ils n'avaient pu utiliser toutes leurs aptitudes commerciales; mais, à présent que le vainqueur slave a mis tous les vaincus au même niveau, les Juifs ont ouvert boutique, et, s'ils ne luttent pas avec les Sartes dans le commerce de détail, ils savent mieux que ces derniers aller chercher au loin les objets de fabrication étrangère, et, dans tout ce qui concerne l'importation, ils font preuve d'une grande initiative et d'un grand flair commercial. Ils sont, du reste, plus intelligents et plus actifs que leurs concurrents indigènes, et il est possible que, dans la suite, ils luttent avantageusement contre les marchands russes.

Condamnés à vivre dans l'isolement, ne se mariant qu'entre eux, ils ont conservé du type sémite l'ovale prononcé de la figure et l'œil fendu en amande. Ils ont aussi le regard plus expressif et la physionomie plus avenante que les Sartes.

Le reste de la population de la ville indigène est sarte. On désigne sous ce nom les sédentaires de presque toutes les oasis du Turkestan. Le fond de leur race est aryen ou iranien, si c'est préciser davantage, mais ils portent naturellement la trace de mélanges variés, et mainte tête rappelle que les Mogols et les Turcs sont passés par là. Placés au carrefour où ont abouti tous les conquérants, d'où qu'ils vinssent, ils ont subi toutes les oppressions. Leur sort a été celui des habitants des vallées fertiles, trop attachés au sol qu'ils cultivent, au foyer près duquel ils s'étendent chaque soir, pour renoncer volontiers à la vie du laboureur paisible, mener la vie remuante du guerrier, et, en cas de défaite, se réfugier dans la montagne, comme le font quelquefois les plus énergiques d'entre eux.

Ils se sont toujours courbés immédiatement sous le joug; jamais leur résistance n'a été acharnée; ils ont connu toutes les humiliations, et leur hypocrisie, leur scepticisme, leur amour de l'argent et des jouissances matérielles en ont grandi d'autant.

Aussi leurs voisins de la steppe ou de la montagne les ont

appelés de ce nom de *Sartes*, qu'ils prononcent avec mépris, en crachant, car le mot implique l'idée de lâcheté. Les Sartes n'osent point avouer leur nom, et quand on leur demande à quel peuple ils appartiennent, ils répondent : « Je suis de Tachkent, de Tchimkent, etc... » Ils sentent bien qu'ils ne sont plus de race, que leur passé est pitoyable, et que leur histoire n'est qu'un long catalogue de hontes bues et de horions reçus.

Les Aryens leur ont légué un goût très prononcé pour la culture du sol et la vie sédentaire ; les Sémites, ces grands inventeurs de religions, leur ont donné l'islam ; les Turcs leur ont donné leur langue. Quelques-uns cependant parlent le tadjique, un dialecte persan que les lettrés emploient de préférence.

Le Sarte habite invariablement une maison en terre dont les murs à teintes grises font à l'Occidental une impression pénible. On répugne à se courber pour pénétrer dans les chambres basses et sombres, et il semble qu'un homme se plaisant en ces réduits étroits ne peut avoir que des pensées malsaines, comme l'air qu'il y respire forcément. Pourtant si la maison du Sarte est basse, c'est que les tremblements de terre sont fréquents dans son pays, qu'il ne peut la construire qu'en terre séchée, le bois lui manquant pour édifier les charpentes ou cuire les briques.

Les forêts ont disparu du Turkestan, où, durant des siècles, les habitants ont abattu les arbres sans rien planter à la place, sans empêcher les troupeaux de brouter les jeunes pousses. Maintenant, c'est seulement sur les pentes escarpées des montagnes qu'on trouve de rares arctha (genévriers), parfois gigantesques, et dans les hautes vallées que se rencontrent encore des bouleaux, des érables, des peupliers en rangs serrés. Les arbres de construction poussent surtout aux alentours des jardins, où on les soigne et les surveille comme les plantes peu communes et de grande valeur. Il faut voir avec quelle minutie l'ouvrier indigène utilise la moindre parcelle d'un peuplier malingre ; son économie présente un contraste frappant avec le pillage du Russe, son vainqueur, qui, dans ces forêts immenses, abat un arbre pour y creuser une auge.

N'ayant sous la main ni la pierre, ni le bois en quantité suffisante, l'indigène n'emploie ces matériaux que là où ils sont indispensables, et, tout naturellement, il a recours à ce qu'il possède en abondance, à la terre argileuse que durcit le soleil, sur laquelle la balle rebondit, et aux joncs qui poussent innombrables, grands comme des arbres, sur les bords des fleuves et des lacs.

Lorsque la pluie a détrempé la terre, le Sarte découpe avec sa bêche des mottes carrées qu'il superpose pour dresser les quatre murs ; puis il place en travers des poutrelles légères à peine dégrossies qui supportent le lit épais de roseaux recouverts de terre en manière de toit.

Les maisons des riches ont des fondations en briques cuites et un toit assis sur des briques carrées. A l'exception d'Allah à qui l'on élève des temples, seuls, les émirs et les khans ont des demeures faites de briques cuites très coûteuses à cause de la cherté du combustible. Pour cette même raison, elles sont larges et minces ; plus épaisses, elles cuiraient plus difficilement, et leur prix de revient serait plus considérable.

Les maisons sont toutes sur le même modèle et ne diffèrent que par la dimension.

Les Sartes, qui ont la coutume de tenir cachées leurs femmes et de recevoir volontiers leurs amis, ont divisé leur maison en deux parties ayant chacune leur cour. Dans l'une (eschkiri) les

LE DÉPART DE LA CARAVANE.

femmes peuvent circuler et vaquer à leurs occupations à l'abri des regards indiscrets ; dans l'autre (le tachkiri ou biroun), on place les chevaux des invités, leurs arbas, et l'on peut s'y amuser et s'y divertir entre hommes.

Les cours, défendues par des murs élevés, sont adossées au corps d'habitation, dans lequel on a ménagé un couloir pour passer de l'une à l'autre.

On pénètre dans le biroun par une porte ouverte, à deux battants, allant droit à un mur qui arrête immédiatement la vue, car le Sarte aime à être bien chez lui. Sous la porte, un appentis est ménagé pour les chevaux, et le long du mur dressé comme un gigantesque paravent se trouve l'allée conduisant dans la cour.

Devant l'habitation on voit souvent une galerie à colonnettes de bois (aïvane), au-dessus d'une terrasse qui se continue plus bas et à ciel ouvert, autour des murs d'enceinte. Sous l'aïvane, on prend le frais, on mange pendant les chaleurs ; à côté, on fait la cuisine, et, par les nuits chaudes, les serviteurs dorment à l'air sur des nattes.

Au centre du biroun se trouve une fosse pleine d'eau, alimentée par un canal qui la traverse : quelquefois des saules ou des peupliers l'entourent ; cette eau sert aux ablutions.

La plus belle pièce de la maison, le migman-khana (chambre de réception), donne sur l'aïvane. On y entre par une porte basse à

LA FIANCÉE CONDUITE AU MARI.

côté de laquelle on dépose les kaouch dans un trou carré et peu profond ; le jour pénètre par une autre porte plus large qu'on tient ouverte et qui n'éclaire bien que la partie inférieure de la pièce ; mais cela suffit, puisque la coutume est de se tenir à genoux, les jambes croisées, ou accroupi sur les talons. Des tapis ou des pièces de feutre posées sur le sol forment tout l'ameublement de cette chambre.

Pour l'hôte de marque, on apporte des coussins remplis d'ouate sur lesquels il est plus mollement et plus commodément assis.

En hiver, vis-à-vis de la fenêtre, on allume le feu dans un trou carré semblable à celui où l'on dépose les kaouch.

Des niches ménagées dans l'épaisseur des murs remplacent nos placards. Le Sarte y dépose les objets d'un usage journalier : le koumgane (théière), l'aftaba (aiguière pour les ablutions), le livre en lecture — lorsque l'hôte est lettré, — le plateau de cuivre sur lequel sont offerts les fruits secs et les friandises pour souhaiter la bienvenue aux visiteurs.

L'appartement des femmes, adossé au migman-khana, contient les coffres où les vêtements sont renfermés; c'est là qu'on place les ustensiles de ménage dans les niches et qu'on suspend les khalats à des chevilles enfoncées dans la paroi.

Par le froid, toute la famille se réunit dans cette chambre, autour d'un brasero installé sous le sandal, table basse en bois, sur laquelle on place une large couverture ouatée. Chacun tire sur lui un coin de la couverture, se cache les jambes, et tous, recroquevillés, serrés les uns contre les autres, passent dans cette posture les longues soirées d'hiver. Une chandelle de suif les éclaire, ou simplement une mèche de coton plongée dans l'huile et dont le lumignon fume en brûlant. Le Sarte ne fait pas de grands frais d'éclairage ; au reste, il veille rarement tard.

Dans cette chambre, dont le plus grand côté a quatre mètres au maximum, souvent sept à huit personnes dorment ensemble. L'air est corrompu rapidement, et la puanteur de l'huile, les vapeurs du brasero, augmentent encore l'insalubrité du logement. Malgré tout, les femmes n'en sortent guère durant la mauvaise saison.

A côté de la chambre des femmes, on voit souvent une cuisine spéciale au-dessus de laquelle se trouve une sorte de poulailler ou une chambre à sécher les raisins nommée balian-khâna (chambre haute), terme où d'aucuns ont vu l'origine du mot « balcon ». Le balian-khâna sert également à loger les parents venus de loin.

De la cour placée devant le harem on peut passer dans le jardin, mais par une porte basse et étroite, par précaution contre les curieux.

Les appentis formant les dépendances de la maison se trouvent à l'intérieur du biroun ou lui sont contigus. Ils servent de grenier pour le foin, qu'on entasse aussi sur le toit, et d'écuries pour le bétail, qui mange dans des auges en terre battue.

Telle est la maison d'un Sarte dans l'aisance. Pour le riche, elle sera plus grande et mieux ornée : les colonnettes de bois de l'aïvane seront grossièrement sculptées; les niches des chambres seront d'albâtre, agrémentées d'arabesques ; les murs seront blanchis, et les tapis remplaceront le feutre.

Quant à la maison du pauvre, elle est plus petite, se compose d'une chambre unique, sorte de terrier où il vient dormir en compagnie d'une abondante vermine.

On retrouve dans le costume des Sartes l'uniformité qui se

manifeste dans leurs habitations. Ici, la mode n'existe point, on ne fait point sur mesure, la « confection » triomphe. Quelle que soit leur situation, les Sartes se couvrent de vêtements taillés sur un patron unique.

Tous portent le kouliak, chemise en coton ou en calicot; l'ichtane, large et court caleçon de même étoffe, et, par-dessus, le khalat, longue robe coupée droit, aux manches fort larges à l'épaule, étroites aux extrémités, et si longues qu'il suffit de fermer le poing en baissant les bras pour qu'elles tombent et qu'on puisse s'abriter les mains du froid ou de la pluie. Le khalat descend plus bas que les genoux; il est d'une étoffe légère de coton, et, s'il doit servir de pardessus, d'une étoffe de soie ou de laine.

Le Sarte aisé porte plusieurs khalats l'un sur l'autre, et les serre avec le bilbak, ceinture de cotonnade, longue parfois de dix mètres. Le khalat de dessus seul reste flottant; on le ferme sur la poitrine avec des cordons.

Le bilbak n'est si long qu'en raison des usages nombreux auxquels on le destine; en voyage, par exemple, il sert de serviette, de mouchoir, de porte-monnaie, de sac aux provisions. Tel revient du bazar ayant dans son bilbak tout ce que nous mettrions dans un panier.

Par-dessus le bilbak, on boucle en outre le kiamar, ceinture mince en cuir, à laquelle sont suspendus en une touffe différents objets : un ptchak (couteau dans sa gaîne), un kaïrak (pierre à aiguiser), un bigis (poinçon), un doukerp (petits ciseaux pour la barbe et pour les ongles), de l'amadou dans un petit sac, un peigne en os ou en mûrier, et une bande de cuir tailladée qui sert d'ornement en attendant qu'elle soit usée en lanières.

Les Sartes ne font usage ni de la cravate ni de la chaussette; ils vont la poitrine découverte et se contentent d'enfermer leurs jambes dans les mazis où se perd leur ichtane.

Les mazis sont une sorte de bas en cuir souple et noirci, bordés en haut d'une ganse brodée ou de couleur voyante, tandis qu'au talon une applique de chagrin vert reproduit un motif quelconque d'ornementation.

Par-dessus les mazis, ils chaussent leur kaouch, babouches en cuir de mouton, à talons larges, qu'ils quittent à la porte des mosquées et à l'entrée des chambres. Les kaouch des élégants sont en chagrin vert, avec bouts retroussés, à talons pointus, gênant la marche et prouvant qu'on est de haute extraction par l'impossibilité dans laquelle on se trouve d'aller à pied.

Celui qui entreprend un voyage à cheval ou va assister à une course, remplace les mazis par des bottes de cuir blanc ou saour, à semelles garnies de clous brillants, et dont le talon est plus ou moins large, selon les prétentions à l'élégance.

Pour prendre part soi-même à une course, on passe le tchim ou tchalvar, très ample pantalon de cuir à fond immense où les pans de tous les khalats possibles peuvent tenir à l'aise, et l'on serre la taille avec le bilbak.

Le Sarte, si pauvre qu'il soit, se coiffe toujours d'un tepe ou kaliapousch, petite calotte ronde qui s'adapte au sommet de la tête. Le tepe, très simple pour le pauvre, est en velours brodé pour le riche; il sert comme de coiffe au turban roulé en torsades, et dont l'aspect varie avec la position de chaque individu. Le turban, par la forme qu'on lui donne, en dit aussi long sur son propriétaire que les différentes coiffures de l'Europe. Il a des particularités qui correspondent à la casquette à trois ponts, ou aplatie sur l'oreille, au képi, ou bien au plus irréprochable chapeau de soirée.

Un iman, un hadji (pélerin de la Mecque), un mollah, un cadi,

RUSSES DU TURKESTAN.

tout homme ayant des droits à la considération de la foule, se coiffe d'un turban volumineux, très blanc, aplati de chaque côté des tempes au point de cacher presque la figure; l'étoffe est alors de mousseline ou de laine blanche. Un marchand se contente de rouler négligemment un tchalma de couleur de moindres dimensions; un pauvre diable n'a qu'un embryon de turban fait d'un lambeau de calicot, parfois assez sale. Le guerrier le porte moins large que le lettré, mais plus haut, soit pour se grandir, soit pour abriter son crâne des coups de sabre. Les enfants, habillés comme leurs parents, portent plutôt un turban de couleur.

Pendant l'hiver, on jette sur les vêtements une pelisse en peau de mouton de même forme que les khalats.

Quant au costume des femmes, il est fort simple, surtout à la maison, où elles ne portent qu'une chemise et un pantalon très large serré aux chevilles. Le pantalon se met sur le corps; il est en coton, mais la partie visible, plus bas que la chemise, est quel-

FEMMES TOURKMÈNES DANS LA TENTE.

quefois d'une étoffe mi-soie mi-coton appelée adras, ou même de kanaous tout en soie.

La chemise, en cotonnade ou en mousseline, est échancrée sur la poitrine pour les femmes, et sur l'épaule pour les jeunes filles.

Sur la chemise, la femme revêt une sorte de jaquette à manches étroites, serrant la poitrine et fermée par devant; par-dessus, le mourcek, khalat à manches larges, d'étoffe plus ou moins luxueuse, selon les fantaisies du mari.

La femme va généralement pieds nus dans les kaouch, et, pour voyager par le froid, elle se chausse de bas de laine. Sa coiffure, faite d'un mouchoir lié derrière la tête, se complète de l'ouramal, pièce de mousseline blanche dont les extrémités tombent sur les épaules.

La femme ne passe dans la cour extérieure ou biroun, et ne sort dans la rue qu'après s'être cachée sous le parandja, manteau de couleur sombre, qui la couvre de la tête aux pieds et lui donne la tournure d'un épouvantail. Elle distingue son chemin au travers du tchimat, voile tissé en crin, qu'elle soulève dans les rues désertes afin de respirer plus à l'aise. Les Juives elles-mêmes doivent se masquer à la mode musulmane. Les vieilles femmes sont dispensées de ce déplaisant uniforme.

Les femmes sartes ne passent point gaiement l'existence. Jusqu'à l'âge de cinq ou six ans, on leur permet de jouer avec les autres enfants, et déjà on les initie aux menus travaux du ménage. Les filles des riches vont à la metched, où on leur enseigne à lire et écrire. Vers neuf ans, elles ont généralement terminé leurs études, faites à la légère, plutôt pour la forme, et, leur vie durant, elles restent d'une ignorance crasse.

Les unes savent à peine compter jusqu'à dix avec l'aide de leurs doigts; les autres, plus instruites, savent leur alphabet par cœur, sont en état de réciter une prière, d'épeler une ligne de manuscrit, mais c'est toujours par extraordinaire qu'elles savent lire couramment, et une femme maniant le calame passe pour une véritable merveille.

Elles sont nubiles vers onze ans. Les parents leur jettent alors sur la tête le tchimat qu'elles ne quitteront plus dans la rue, et, dans la cour intérieure de la maison, elles ne se découvrent dorénavant que devant leurs plus proches parents — ou leurs amoureux, à la dérobée.

On les prépare au mariage en leur enseignant à coudre, à filer la soie et le coton, car une fille a d'autant plus de valeur qu'elle est plus habile de ses doigts. Elle est « de meilleure défaite », et son père est en droit d'exiger un plus fort kalim du prétendant qui la lui demande.

Ici, le mariage n'est qu'un marché entre les pères de famille, dont l'autorité est absolue et décisive, en ce qui concerne leurs enfants. A la vérité, quand il est question d'une fille, les parties discutent moins et s'entendent plus facilement que lorsqu'il s'agit d'un cheval ou d'un mouton.

Voici l'histoire d'un mariage. Un père juge que le moment est venu de donner une femme à son fils, ou bien un homme marié, quelquefois grand-père, trouve bon d'augmenter le chiffre de ses épouses, celles qu'il possède ayant perdu de leurs charmes ou de leur habileté au travail.

Dans l'un et l'autre cas, on s'adresse à une vieille femme qui connaît un certain nombre de jeunes filles. C'est elle qui renseigne les intéressés sur la beauté et les qualités des jeunes personnes qui peuvent convenir. Les amateurs se décident d'après les descriptions flatteuses qui leur sont faites, et la vieille, qui joue le rôle d'agent matrimonial, est chargée de négocier l'affaire. Elle se rend chez le père de la jeune fille et lui expose qu'un tel de telle famille désire qu'il lui cède une de ses filles. Le père accepte, et débat immédiatement avec la marieuse la nature et le montant du kalim.

Pour les gens aisés, le kalim se compose généralement d'une somme d'argent, d'un trousseau comprenant plusieurs habillements complets de femme, depuis la chemise jusqu'aux babouches, et de tout ce qui sert à la confection du repas de noces, y compris les raisins et les carottes.

Il arrive que la jeune fille apporte de son côté des meubles ou des immeubles quelconques, mais il n'en est point parlé d'abord, et c'est plus tard seulement, après la conclusion du mariage, que l'épouseur sait si son beau-père est un ladre ou un galant homme.

La coutume veut également que le mari ne voie sa femme à visage découvert qu'après la cérémonie; mais celui-ci prend ses mesures, et trouve le moyen, soit par une porte entre-bâillée, soit par-dessus le mur, d'apercevoir les traits de la jeune fille qu'on lui destine. La marieuse facilite cette indiscrétion en invitant à propos la jeune fille à lui faire visite. Elle sait bien que sa complaisance lui vaudra un petit cadeau de la part du coupable.

Après ces préliminaires inévitables, le kalim est payé, puis on fixe le jour de la noce. Dans un certain monde, le nika ou mariage est compliqué d'une clause prévoyant le cas où le mari congédierait sa femme, et alors la mère de la fiancée et ses parents, d'accord avec les témoins, fixent le khakmar ou indemnité que la famille de la femme doit recevoir si, tôt ou tard, son époux la répudie. On procède ensuite à la célébration du mariage dans la maison habitée par la fiancée. Le mollah qu'on a invité pour réciter la prière est dans une première chambre, en compagnie du marié, des parents et des témoins. Dans une chambre voisine, la mariée, vêtue de ses plus beaux atours, se tient accroupie près de la porte fermée. Le mollah récite une prière, puis, à travers la porte, il demande à la jeune fille si elle veut d'un tel pour époux; sur sa réponse affirmative, il se tourne vers le futur, lui demande s'il veut prendre une telle pour femme. Le futur répond oui. Le mollah prend alors une tasse, la remplit d'eau, la présente au jeune homme, qui boit une gorgée et la lui rend. La tasse est portée à la jeune femme, qui imite son époux, et ce qui reste d'eau est bu de la même manière par les assistants. La tasse vidée, les femmes conduisent celui qu'on vient de marier près de celle qui

FEMME SARTE.

l'attend, les femmes reçoivent des présents, puis se retirent en faisant des vœux de bonheur et des compliments.

Le mari reste trois jours avec sa femme dans la maison qu'elle habite; ensuite, il l'emmène sous son propre toit. Dès lors, commence pour l'épouse une existence d'une monotonie indicible.

Mariée à un riche, elle a l'avantage de disposer d'une chambre pour elle seule, ce qui la dispense de vivre en contact perpétuel avec d'autres compagnes plus âgées et d'humeur acariâtre, ou plus jeunes et jalouses. Son mari ayant de nombreux serviteurs mâles ne la surcharge point de besogne. Préoccupée surtout de plaire à son seigneur et maître, elle consacre ses loisirs à se parer. Aussi bien que ses sœurs d'Occident, elle connaît les artifices de la toilette, et sait ajouter à sa beauté l'éclat emprunté du maquillage. Avec l'ousma, plante cultivée dans les jardins, elle fait ses sourcils plus noirs, les prolonge jusqu'à la naissance du nez ; elle donne du lustre à ses cils avec le sourma (antimoine) apporté de Russie, et elle dissimule sa pâleur sous une couche d'eïlik — un fard rose obtenu en infusant dans l'eau les racines d'une plante qui ressemble à la bourrache.

Puis, elle mêle des nattes de crin à ses cheveux qui pendent sur

LA CHEVAUCHÉE NUPTIALE DES TCHERKESSES.

son dos en tresses minces et nombreuses, et, à leur extrémité, elle attache des perles, du corail, ou des verroteries enfilées. Elle teint aussi ses ongles avec la fleur pilée du henna mélangée d'alun, elle étale cette couleur jaune-rouge sur la paume de ses mains et même sous la plante de ses pieds. Afin de faire pénétrer le henna, elle l'applique le soir en forme de compresse qu'elle garde jusqu'au matin.

En toilette de sortie ou de gala, elle se charge de bijoux de haut en bas. Sur le front elle pose le barghek, bandeau en or orné de pendants alignés qui tremblent à chaque mouvement de la tête ; sur les tempes ou sur la poitrine elle a les cylindres en or ou en argent, enrichis de pierres précieuses, qui contiennent les toumors, préservant des maladies et des accidents ; aux oreilles les boucles, et, passé dans l'aile du nez, un anneau, si telle est la coutume de son pays d'origine ; au cou plusieurs rangées de colliers portant, l'un, le tchachpak, houppe de soie à calotte dorée ou d'argent ; un autre, le peschaous, qui est une houppe également, mais ornée de corail et de pierres précieuses, ayant entre ses fils des chaînettes auxquelles s'attachent un cure-dent, une pince pour s'épiler. A chaque poignet sont superposés des bracelets d'or ou d'argent ; des bagues innombrables sont enfilées à tous les doigts, et des anneaux serrent les chevilles.

***

Généralement petite, chétive, avec une tête vieillotte et impassible, de grands yeux noirs sans expression, la femme sarte ainsi peinte, sous sa clinquaille et ses falbalas, semble une figure de cire. Quand elle s'en va sur ses jambes grêles, elle se traîne comme une malade. Et elle peut bien l'être d'ennui, car la vie du harem manque de distractions. Il est vrai qu'à l'occasion des grandes fêtes religieuses ou des réjouissances domestiques, les femmes de connaissance se réunissent en l'absence des maris, et elles dansent, chantent en frappant le tchilmandy ou s'accompagnant du doutor. Celle qui gratte un ou deux airs agaçants sur ce primitif instrument à deux cordes passe aux yeux de ses amies pour une musicienne consommée — telle la dame virtuose qui, chez nous, joue Chopin à première vue. Si leurs époux leur ont donné quelque argent, elles achètent des friandises et se régalent. Tout comme leur seigneur elles fument le tabac dans la pipe à eau, elles mangent l'opium et mâchent volontiers une résine nommée tchaktchak. Il n'est point rare qu'elles se grisent de bouza, mais elles préfèrent à tout le reste le « sucre de fleur », comme elles l'appellent poétiquement : le goulkant, mélange de graisse de mouton, de sucre et de haschich, qui procure des rêveries agréables. La femme qui a goûté le goulkant en mange à tout propos et s'en procure à tout prix.

Elles luttent ainsi contre l'ennui. Et quand elles abusent des narcotiques, leur esprit sommeille, leur être s'abêtit, et elles végètent dans le harem. En cet état, elles ne prennent plus plaisir à sortir de la maison et à se faire montrer les étoffes dans le bazar, où elles vont quelquefois à cheval avec un jeune parent ou une vieille femme en croupe pour les garder. Elles préfèrent rester en place ; le mouvement leur répugne.

La femme mariée à un pauvre n'a pas tous ces loisirs. Elle n'a point de nourrice pour ses enfants, et, en même temps qu'elle les élève, elle doit vaquer aux soins du ménage, coudre ses vêtements et ceux de la famille entière, laver le linge, filer, partager les travaux de son mari s'il exerce une industrie, et jusqu'à sa mort mal nourrie, mal habillée, elle n'est qu'une bête de somme surmenée par son maître.

II

Les hommes ont une vie plus agréable que les femmes. Ils sont élevés avec plus de soin, fréquentent l'école plus longtemps. C'est à l'âge de six ou sept ans que les fils de gens jouissant de quelque aisance commencent leurs études. Ils vont d'abord à la metched, façon d'école primaire libre, tenue par un mollah, enseignant à lire et à écrire. On prodigue le nom de mollah (instituteur, magister) à tout homme sachant lire un manuscrit, écrire une lettre ou simplement réciter la prière. Les gens des villes s'appellent quelquefois entre eux de ce nom, par politesse. De même que les hadjis, ces lettrés affectent de porter le turban blanc; ils jouissent de la considération des fidèles, qui les invitent volontiers à leur table dans les grandes occasions.

Le mollah n'a pas d'appointements fixes; il ne relève d'aucun ministère de l'instruction publique, et ses élèves le payent avec des cadeaux en argent et en nature. Durant la mauvaise saison, il rassemble les enfants dans la metched, s'il en a une à sa disposition, ou dans une chambre quelconque. Quand la température le permet, c'est en plein air, dans une cour ou sous les branches d'un arbre, qu'il infuse son savoir à ses jeunes disciples. Ils arrivent dès le jour, vont prendre leur repas vers huit ou neuf heures du matin, et, leurs forces réparées, se mettent de nouveau à l'œuvre jusqu'à midi ou une heure. Ensuite, ils sont libres jusqu'au lendemain.

Sous l'œil du maître, ils s'accroupissent en rond sur une natte et chantent, les uns l'alif (alphabet), les autres l'aftiaque ou livre d'épellation, et la leçon leur entre dans la tête par l'oreille. Quiconque passe devant une école entend une discordante musique. Un élève qui a étudié jusqu'au dix-septième ou dix-huitième chapitre de l'aftiaque prend le galamdane (écritoire) du maître et rend visite aux membres de sa famille et aux amis de la maison. Il présente l'écritoire ouvert et dit : « Alamnascha. » Chacun délie sa bourse et met la pièce dans l'écritoire. L'enfant frappe aux bonnes portes, et, sa tournée finie, apporte le produit de la quête à son maître. Celui-ci, encouragé à mieux faire par ces cadeaux, veille à ce que l'enfant dont la famille ne lésine point fasse de rapides progrès, et il le pousse — comme on dit dans nos écoles — la gaule au poing.

Le mollah fait bon usage d'une baguette longue et flexible pour rendre ses élèves assidus à la lecture et attentifs à ses explications. Parfois il attache avec une corde les jambes de l'enfant qu'il veut châtier ; ses camarades lui saisissent les bras et le maintiennent étendu sur le dos, tandis qu'on le frappe sur la plante des pieds nus. Les enfants de la metched vont en corps à la mosquée réciter la prière ; ils ne doivent point partir avant la fin ; s'ils s'en vont trop tôt, ils sont punis à coups de gaule.

Après avoir bien étudié l'aftiaque, l'élève sait lire à peu près. On lui met alors le Coran entre les mains. C'est là un événement important de sa vie d'écolier que son père célèbre quelquefois par une réjouissance. On cuit force palao, on rassemble les parents et les amis, le maître est invité, il est le héros de la fête. On lui donne un beau khalat de soie qu'il revêt immédiatement et un long

RUSSES DE TACHKENT.

chalma de laine blanche qu'il roule en turban autour de sa tête. L'enfant revêt une robe neuve, et des pièces d'étoffe sont distribuées à ses camarades. L'aîné des écoliers qui supplée le maître dans ses cours reçoit un tepe (calotte) brodé de soie, et il prend part au festin, assis près de son chef, qui le premier met la main au plat.

Les parents font quitter l'école à leurs enfants dès qu'ils peuvent les associer utilement aux travaux domestiques : ils prennent cette décision souvent après la circoncision du garçon, quand il a neuf ou dix ans. Il vit dorénavant avec son père, qui lui enseigne son métier ou l'art de tromper les clients s'il est marchand : car la probité est leur moindre défaut.

Lorsque les parents pensent que leurs enfants ont des dispositions pour l'étude et qu'ils pourront plus tard tirer parti de leur savoir, ils les laissent sous la direction du mollah. Et, avec le temps, ils parviennent à lire couramment, puis ils apprennent les noms des pays formant les sept climats, s'exercent à écrire, et celui qui a une belle main devient scribe et libraire du même coup, vendant les livres qu'il a copiés. Tel autre ayant de la mémoire, l'esprit délié et l'ambition d'arriver haut, s'en va à Samarcande, ensuite à Bokhara, la tête de l'Islam, étudier dans les médressés célèbres.

La médressé est une école supérieure entretenue grâce aux dons des fidèles qui lui lèguent des terres, une boutique, ou un bain dont le rapport sert à payer les professeurs et les élèves. Ces biens inaliénables s'appellent vakoufs ; ils sont régis par le moutavalli, qui verse les sommes perçues au moudari (directeur de l'école), choisi parmi les hommes illustres par leur savoir ou leur sainteté.

FEMMES TRAYANT LE LAIT DE JUMENT.

Chez nous les choses se passèrent de la sorte jusqu'à la sortie du moyen âge.

Grâce à la recommandation chaleureuse d'un puissant, il est offert, dans ces médressés, une petite chambre au jeune homme privilégié. C'est là qu'on le voit à genoux devant les « grands livres » qu'il lit à haute voix des heures entières, psalmodiant les phrases selon le rituel, avec un balancement de corps d'avant en arrière. Les étudiants parlent fièrement de ces énormes in-folio, réservoirs de science : leur taille est si formidable que les feuilleter est une fatigue.

Les études de la médressé consistent en la lecture de quelques livres, un livre représentant un cours. A des heures fixes les élèves sont réunis, l'un d'eux lit un texte, et le maître explique les mots et les passages obscurs, — très nombreux, dit-on, — avec un soin extrême, consacrant à une ligne parfois une heure de développements. On ne lit pas toujours un livre par an, et il faut plusieurs années d'un travail assidu pour en digérer cinq ou six. Mais qui a fait cela est un savant, et peut porter un gros turban blanc. Il connaît le Coran, il a appris quelques mots de la langue arabe, sa tête est bourrée de vers des poëtes turcs et persans, sa mémoire est écrasée, le but est atteint. Qu'il trouve un sens nouveau à un verset du Coran interprété déjà pour la millième fois, et il aura fait une découverte équivalant aux plus belles inventions de l'Occident, il sera cité comme un homme de génie, et rien ne l'empêchera de devenir un saint, un iman à longue barbe, que l'on viendra voir de loin.

Il pourra à son tour diriger une médressé ou bien une mosquée où des fidèles afflueront, qui ne manqueront point de lui verser des offrandes copieuses au jour sacré du Ramazan.

En somme, chez les Sartes, pour qui sait lire et écrire, et veut continuer d'apprendre, le travail intellectuel consiste à accumuler des phrases, à jongler avec des mots, à équivoquer sur une syllabe.

Sous ce rapport, un certain iman de Tachkent, célèbre au loin ne laisse rien à désirer. A une science profonde il joint les plus édifiantes vertus, il a lu Platon dans une traduction, il passe pour savoir l'arabe, fait des miracles, et son écriture est belle. Les indigènes le vénèrent : c'est un saint.

Il parle de toutes choses dans une langue imagée, et le nombre de ses élèves et de ses admirateurs est très grand.

Les croyants mendient ses bénédictions pour leurs nouveau-nés, qu'ils lui apportent. L'iman récite sur le petit être vagissant une prière de circonstance qui lui assurera un riant avenir. Parfois, entre deux tasses de thé, le nez haut, de côté, il se contente de souffler trois fois sur l'enfant. En échange, le père dépose sur son tapis des pièces d'argent, des mesures de riz, de blé, puis se retire, marchant à reculons, s'inclinant à chaque pas avec force remerciments.

Depuis qu'il a acheté un globe terrestre à des marchands russes, il passe pour être au courant des progrès que les Occidentaux font faire à la science en général et à la cosmographie en particulier. Il faut voir avec quelle dignité il montre sa sphère aux fidèles qui viennent recueillir les paroles de vérité que sa bouche laisse tomber dédaigneusement.

Concernant la terre, il a son idée faite : elle est ronde, il en est sûr. Il n'a point fait cette découverte en fouillant les livres ou en observant la nature ; cette vérité lui a été révélée par Allah, clément et miséricordieux, qui lui a parlé en confidence un jour qu'il priait avec son cœur, à l'heure où le soleil disparaît.

Le savant homme enseigne également que la terre est immobile.

Le fait est patent, dit-il, il suffit de lever les yeux pour s'en convaincre. Qui peut nier que le soleil se lève à gauche, tourne et descend se coucher à droite? Et tout fidèle qui contemple le ciel, quand la nuit est venue, ne voit-il pas la lune et les étoiles glisser dans le même sens ? Il fait observer que la sphère des ourousses n'était pas exacte, qu'il a dû la compléter en traçant à la couleur rouge un chapelet de demi-lunes qui coupe en biais les méridiens. Ces demi-lunes figurent les sept ciels.

Comme la plupart des saints personnages du pays, il est d'une morgue excessive, ne souffre point qu'on discute ce qu'il avance. Au surplus, contredire un iman est le propre d'un pataud, d'un Kirghiz, d'un Ousbeg. Un Sarte de bon ton ne commet pas d'aussi grossières bévues.

N'est-ce pas Allah qui parle par la bouche de l'iman ?

Si l'auditeur n'est pas convaincu du premier coup, s'il a sur la langue l'objection toute prête, qu'il garde le silence, qu'il approuve avec les autres d'un « khoub » (bien !) modeste, en inclinant la tête. Il pourra, quand l'iman aura cessé de parler, lui soumettre ses humbles arguments, mais sous forme de doutes, car un petit mollah ne doit rien affirmer à l'encontre de celui qui se tient pour une irréprochable incarnation de la divinité. Trouve-t-il une réponse plausible, l'iman daigne réfuter le téméraire ; est-il à court, une affirmation catégorique le tire d'embarras ; avant tout, il importe de sauvegarder une réputation d'infaillibilité. En général, dans toutes les réunions de lettrés, un « oui » ou un « non » bien net du personnage en renom, vers qui les yeux se tournent, suffit pour trancher une difficulté, source de discussions, et personne ne souffle mot.

L'homme à la sphère n'admet pas qu'on le compare au Prophète lui-même. On raconte qu'un jour, en compagnie de ses disciples, il va au cimetière prier sur la tombe de son père. Il reste debout quelques instants, la tête inclinée, absorbé par la méditation. Soudain il lève les bras et s'écrie d'un ton inspiré : « O mon père, tu peux entrer au ciel, mes prières t'ont ouvert les portes que tu avais trouvées fermées ! » Un de ses élèves lui demande d'expliquer les paroles qu'on vient d'entendre. Il lui répond que son père était en enfer en punition des fautes qu'il avait commises sur la terre, et que le miséricordieux vient à l'instant de mettre fin à ses souffrances par égard pour les vertus de son fils. Un maladroit lui rappelle alors que le père de Mahomet s'était trouvé dans une situation semblable, et que le Prophète avait intercédé lui-même, et que...

Mais l'iman l'interrompt, et très froid, vexé qu'on le compare à si mince personnage : « Peuh ! peuh ! le Prophète... Mahomet.... que me parles-tu du Prophète ! »

Ces lettrés, ces pieux individus forment la partie la plus intéressante de la population indigène, et, puisque l'occasion se présente, nous en parlerons avec quelques détails.

Grâce à notre ami M. W..., nous nous trouvons souvent en contact avec les plus renommés d'entre eux. Ils aiment à se rendre chez le Mirza ourousse, qui parle leur langue, leur fait toujours un bienveillant accueil, leur témoigne de la considération et leur offre une table bien garnie. Vaniteux et gourmands, ils n'oublient pas le chemin d'une maison où on leur donne la bonne place à une bonne table, et sur un signe de notre ami ils accourent au rendez-vous qu'on leur fixe.

SOLDAT KIRGHIZ.

Le vendredi, après le namaza khouftane (prière du soir), il y a chez le mirza ourousse une compagnie nombreuse et choisie. Dans la chambre basse où nous sommes réunis, deux musiciens jouent du doumbourak et du sournoï. Une collation copieuse est servie. On verse du thé dans les tasses et aussi du cognac et du rhum que ces fervents musulmans avalent d'un trait avec une satisfaction visible. Ceux qui nous voient pour la première fois, gênés par la présence d'infidèles, hésitent à boire; ils n'imitent leurs camarades qu'après s'être fait prier et s'être laissé dire par leur hôte qu'il ne leur est rien offert de ce que le saint Coran défend.

Entre deux airs de musique on s'entretient.

Un des musiciens, grand et beau gaillard d'une trentaine d'années, a étudié autrefois dans une médressé de Tachkent avec l'intention de devenir iman, mais un beau jour on l'a surpris dans sa cellule se livrant à des distractions profanes, il a été expulsé, et sa carrière de religieux ayant été perdue par cette incartade, il a cultivé la musique, pour laquelle il se sentait des dispositions. Il passe pour jouer admirablement de tous les instruments, et mène la vie agréable d'un artiste choyé du public. A l'entendre, il va partir bientôt pour Kaboul, où l'émir l'a mandé ; mais auparavant il veut aller à Stamboul, chez le sultan de Roum, car sa renommée

TARTARE. PRINCE BOKHARIEN.

de musicien a traversé les déserts ; puis il se dirigera vers la Mecque. Il dit tout ce plan de voyage sérieusement, avec de beaux gestes. Mais mon voisin me souffle tout bas qu'il n'en est rien, que c'est un « Iafgui », un hâbleur comme il s'en trouve tant dans ce pays où fleurit le mensonge. Et, à ce propos, il me conte une histoire de Iafgui. Elle prouve qu'ici l'on peut exagérer autant qu'à Marseille et à Bordeaux.

Depuis vingt ans un nommé Abdoullah, de Bokhara, passait aux yeux de ses compatriotes pour le plus grand menteur qu'on pût trouver dans le Turkestan. Fier de cette renommée, Abdoullah dormait tranquille. Quand il s'en allait boire le thé au bazar, c'était la tête haute qu'il chevauchait ; mais il advint qu'un marchand qui revenait de Tachkent l'aborda un jour en lui disant :

« Bismillah (au nom de Dieu !), ami Abdoullah, il y a à Tachkent plus menteur que toi. » Abdoullah en pâlit. Des curieux étaient présents quand le marchand parlait en ces termes, la nouvelle se répandit dans le bazar, et, à l'occasion chacun répétait à l'illustre menteur : « Est-il vrai, Abdoullah, qu'il y a plus menteur que toi à Tachkent? » Celui-ci en devint inquiet, il perdit sa gaieté et résolut de faire le voyage de Bokhara à Tackhent pour se rendre compte par lui-même de ce qui lui semblait une énormité. Il part, va frapper à la porte de son rival, un enfant de huit ans vient lui ouvrir :

— Mohammed le menteur est-il chez lui ?

— Que lui veux-tu ? je suis son fils.

— Va dire à ton père que j'apporte un tapis que j'ai déroulé depuis Bokhara jusqu'aux portes de Tachkent.

— Allah sera content, répond l'enfant, mon père vient de faire un accroc à son turban, ton tapis sera juste assez grand pour cacher la déchirure.

Cette réponse du fils suffit à Abdoullah pour le convaincre de la supériorité du père, et il retourna à Bokhara avouer qu'il avait trouvé son maître.

Mon interlocuteur est Kokandais, ce qui le mettait à l'aise pour se moquer des gens de Tachkent et de Bokhara.

Cependant, un des mollahs parlait de l'Inde, où la coutume est de brûler des morts, où des femmes ne peuvent supporter la perte de leur mari et se précipitent dans les flammes du bûcher, sans hésiter. Elles sont réduites en cendres avec le cadavre de l'homme qu'elles ne veulent point quitter.

« Au jour de la résurrection, demande un auditeur, qu'arrive-t-il à ceux dont les os sont brûlés ?

— Que les os soient brûlés ou enfouis dans la terre, les morts ressusciteront sous la forme qu'ils avaient de leur vivant », répond un Tatar.

La conversation roule ensuite sur la fête splendide que Akkouli Beg a donné récemment à Pskent à propos de la circoncision de son fils.

Comme la communion chez les catholiques, cette cérémonie religieuse est le motif d'une grande réjouissance chez les musulmans. L'amour-propre de la famille est en jeu, c'est qui recevra le mieux ses hôtes.

En Asie, comme ailleurs, il n'est pas mauvais d'avoir la réputation d'homme riche et généreux. Tel économise donc de longues années afin de pouvoir tenir table ouverte à ses parents et à ses amis quand le moment est venu.

Pendant huit jours, Akkouli Beg a régalé tous ceux qui sont venus le féliciter. Il voulait faire honneur à son origine, étant fils de ce fameux Yakoub Batcha, un danseur qui, par son talent et ses intrigues, s'éleva de la boue du bazar au faîte de la puissance. Yakoub fut premier ministre de Khoudaïa Khan dans le Kokan, puis maître absolu à Kachgar, où les deux plus puissantes nations du globe vinrent solliciter son alliance.

« Akkouli-Beg n'a-t-il pas fait assassiner son frère, il y a quelques années ? » demandai-je.

« Oui, me répondit un mollah, d'un coup de pistolet dans le dos. Akkouli Beg est un grand prince, un saint homme ; qu'il ait une longue vie ! »

L'individu qui n'a pas un cri d'indignation et ne trouve que louanges à l'adresse d'un fratricide, est le « famulus » du saint iman dont il était question tout à l'heure.

Il est venu de Kaschgar, dans le Turkestan, après la mort de Yakoub Batcha : petit, gros, avec un nez crochu flanqué d'yeux ronds, montrant ses dents fines et blanches, il a le rictus d'un chat dans une face brune d'orfraie. Il utilise son habileté de calligraphe en copiant les méditations de son maître, et les vend le plus cher possible aux croyants qui se passionnent pour les élucubrations d'une des pures lumières de l'Islam. L'esprit de clocher s'en mêle, les Tachkentais sont très fiers de leur saint, et le Kaschgarien écoule rapidement sa marchandise. Il a encore une autre source de revenus : il écrit des toumors ou talismans.

Les indigènes sont superstitieux à l'excès ; ils croient non seulement au pouvoir bienfaisant des reliques et des lambeaux de vêtements autrefois portés par des saints en renom, mais ils attribuent également une puissance surnaturelle à certaines prières, à certaines formules.

Pour se les procurer, ils s'adressent à un mollah écrivant d'une belle écriture, et en échange d'une pièce blanche, ils reçoivent un papier contenant à l'encre noire et rouge les paroles qui doivent assurer soit la réussite d'un voyage, soit un heureux accouchement, soit les faveurs d'une cruelle qui n'a point voulu céder aux instances d'un poursuivant. Le rouge étant la couleur de bon augure, il importe que le talisman soit tracé à l'encre rouge à tel ou tel endroit de la page ; dans ces conditions, il donne le plus de chances favorables à la personne qui s'en munit. On le porte sur l'épaule, cousu dans une pochette triangulaire visible à l'extérieur du khalat, au-dessus de la clavicule ; on l'enferme aussi dans un sachet ou un cylindre spécial, à l'extrémité d'un cordon qui pend au cou : nos catholiques portent leurs croix et leurs scapulaires de la même manière. Les musulmans achètent des talismans aux juifs eux-mêmes, qui tiennent cet article, en même temps que les drogues. Ceux-ci ont, par exemple, un excellent remède contre les maladies de cœur : le jade, dont on met un éclat dans un sachet qu'on porte toujours sur la poitrine, en ayant soin de l'appuyer sur le côté malade.

On cite un scribe, besoigneux avant de s'occuper spécialement de la fabrication et de la vente des talismans, qui s'est enrichi rapidement. Il a commencé son commerce accroupi comme un mendiant, dans un coin du bazar, n'ayant pour toute fortune que son papier et son roseau ; aujourd'hui on vient le trouver chez lui, et les clients se pressent à la portée de sa maison ornée d'éclatantes peintures et située au meilleur endroit du vieux Tachkent. Sa réputation est faite et sa bourse est pleine. Leurs clients ne sachant pas lire, ces industriels ont beau jeu et peuvent donner un libre cours à leur imagination quand ils confectionnent leurs talismans. L'important est de donner un aspect à l'écrit, en employant beaucoup d'encre rouge.

Nous pourrions à propos de Tachkent décrire avec plus de détails la vie que mènent les Sartes, mais leurs coutumes étant à peu près les mêmes en définitive que dans toute l'Asie centrale, que nous allons parcourir, nous n'avons pas besoin d'y insister. Aussi bien, voici l'heure passée, la neige fond, sur les pentes des montagnes, les arbres bourgeonnent. C'est bientôt l'heure de mettre en selle. Demain, nous pousserons plus loin.

Gabriel BONVALOT.

TATAR.

www.ingramcontent.com/pod-product-compliance
Ingram Content Group UK Ltd.
Pitfield, Milton Keynes, MK11 3LW, UK
UKHW012308240726
13966UKWH00004B/1723

9 782013 076821